액자 속의 바다

문학공원 시선 153

액자 속의 바다

김미정 시집

문학공원

서시

복어와 북어의 차이는 무엇일까
북어는 독이 없고 복어는 독을 품고 있다
북어는 두들기면 부드러워지고
복어는 쓰다듬듯 다뤄야 맛을 낸다
예뻐만 했더니 이 놈은 독을 품고
두들겨 팬 놈은 술독을 풀어준다

잘못을 가르치시던 어머니의
빗자루 몽둥이와 회초리를
흠씬 맞으며 자랐다
세상에 독 품지 말고
베풀며 살라는 가르침이셨다

복어로 태어나 북어가 되어가는 과정을
여러분한테 내놓는다
격려와 채찍을 바란다

2019 봄

김 미 정

차례

2부. 두부종소리의 시간

3부. 아버지의 계절

4부. 봄비, 그 여자

1부
올게의 꿀병

네모와 동그라미

네모가 줄을 이은 블록의 길을 걸어갑니다
발걸음을 수없이 내딛어도 네모는 흔적을 내지 않고
숨죽이고 뒤를 따릅니다
나비가 살포시 꽃 위로 슬쩍 발을 닿아봅니다
흔적 없이 꽃가루를 훔쳐 냅니다
증거는 나비 발에 고스란히 묻어나지만
바람의 비밀로 날아갑니다

네모의 벽에 네모들이 박혀 서로에게 배경이 되어줍니다
침묵은 침묵으로 가는 침묵에게 팔을 내밀어
간신히 붙잡고 있습니다
네모 속에 파도는 꿈쩍을 하지 않습니다
하늘도 미동 하나 없을 뿐
길 위를 끝임 없이 걸어갑니다
네모는 지칠 줄 모르고 내게로 옵니다
꽃가루 묻힌 나비가 날고 있습니다

아무리 걸어도 나는 자꾸만 네모의 길 위에 서 있습니다
동그라미 안에 앉아 수건돌리기를 하고 싶습니다
길도 네모 집도 네모 사무실도 네모

내일은 공(O)휴일

내일은 네모의 탈출을 꿈꿔봅니다

아슬아슬한 목숨 줄

어둠의 터널 속에 하얀 달의 종종걸음이 바쁘다
적막의 터널을 지나 아침을 시끄럽게 깨운다
달리는 아침에 수많은 호흡들이 마주서고
하루를 야무지게 물고 가는 가방 속에는
그들의 야심작이 가슴 벅차게 출발을 한다

제자리에 그대로인 책상에 안도의 한숨을 올리고
시작을 알리는 초침에 손을 가져간다
휘몰아치는 가싯발 상관의 말 전차에
따르지 못하는 머리의 회전율을 탓해 보지만
기름을 쳐준들 닳아 마모된 바퀴는
복구를 꿈꾸지 못하는 오래된 세월
신형의 반질거리는 회전율에 풀죽은 자긍심
힘겨운 하루에 명징한 초심이 현실에 기울어질 때
끝을 알리기 전 마지막 일초
출근길 가방에 야심작은 졸작으로 마감을 하고
저녁 길 돌아가는 그림자는 느리게 길어진다

밤에서 아침으로 길게 이어질 포물선
그 위를 오르내리며 달려갈 악몽의 시간
한 잔 술로 적선하듯 위로주를 마셔준다
불그스름 피어나는 머리 위에 불을 지피고

까맣게 연기 오르는 속을 태우며
오늘밤도 그렇게 접어보는 하루의 종료시간
오늘도 책상을 정리하며 잠이 든다

날마다 북극

나의 태양은 날마다 가스레인지 위에서 떠오른다
눈 뜨자마자 무턱대고 눈 비비며 찾아가는 바다
나의 바다 늘 수도꼭지 속에 숨겨져 있다
하품으로 펴지는 새벽안개가 갈매기의 울음을 삼킨다
가스레인지 위 태양이 숭고한 듯 떠오르고
양은냄비에 바다가 출렁이면 냉장고 문을 연다
순간 나의 손은 오츠크해협과 베링해 사이를 오가며 생선 몇 마리 낚아올린다
연해주 북동부 시호테알린 원시림에서 잡은 멧돼지가 그새 프라이팬위에서 지글댄다
나는 날마다 북극에 산다
나는 슬금슬금 시계를 보며
봅슬레이 선수의 빠른 스피드로 주방 일을 해치운다
출근 무렵의 시계는 퇴근 무렵의 시계보다 열 배쯤은 빨리 가지만
식구들은 아직 백야의 시간
정적만이 돌뿐 바스락거리는 미동조차 없다

아들의 알람소리 휴대폰이 시끄럽다
꿈쩍도 하지 않는 아들을 산새의 낭랑함으로 부른다

양 갈래길

나는 지금 세상의 귀퉁이를 걸어가고 있다
삶의 더위에 지쳐 그늘 막을 찾고 있다

뜨거운 한낮에는 눈을 떠야 할지 감아야 할지 분간이 힘들다 눈을 뜨면 눈 속에 빛이 나를 쏘아 혼을 잃어버리게 할 것 같다 눈을 감으면 세상의 밝음이 어둠으로 둘러져 앞으로 나아갈 수 없을 것 같다 깨어 아파해야 할지 감고 지나쳐야 할지 나는 나를 위해 지금 무엇을 선택해야 하는 것인지 쉼 없이 내 눈에다 질문을 하고 있는 중이다

세상이 숨 쉴 구멍 없이 뜨겁기만 한 날
열 오른 이마는 내려가는 온도의 길을 잃었다

뜨거움이 질 무렵을 기다려야 하는 기다림의 시간 수많은 그 시간의 늘림은 머리 위에 그늘막이 길게 시간을 이어 줄 것 같다

힘내자 기운내자 일어서자
자리를 털자

이만큼에서 요만큼

요만치만 가면 그곳일까
이만큼을 가야 그곳일까
늘 나는 저만큼에 서 있으면서
너를 이만큼, 때론 요만큼으로 다가가고 있다
불을 지피는 듯 노을이 타오르고
해를 먹은 호수는 깊은 곳이 아득하다
시선에 이름이 놓이고 속으로 깊이 들어선 너
무슨 연유로 이리 오래도록 고여서 아픈 것인지
시간이 소진되어도 그리움은 더욱 커져간다
산들바람 불어오는 저녁 시간
너는 내 심층 깊은 곳에 무음으로 들어와 자리한다

포말처럼 하얗게 부서지던 너와의 추억들
그림처럼 소리 없는 움직임으로 아련한 흑백의 지난날들

언제쯤 너와 해후할 수 있을까
알 수가 없다
거기에 갈 수 있는 시간이
그때가 언제인지
여기서 거기까지 가는 시간을 추측으로 그리워하며
나는 요기쯤 와있다

그림자놀이

초조하게 다음을 기다리는 삶이 있다
간격이 좁게 벌어진 삶이 있다
숨이 턱까지 차오르는 삶이 있다
그렇게 높이를 더해가는 삶이 있다
신들은 내 시선에 적당한 높이를 정해주지 않았다
내게 멈추었던 신의 시선이 점점 멀어질수록
나의 삶은 점점 흐릿하고 몽롱했다
뒤따르던 계절이 앞선 계절을 물어 삼키고
잡풀이 어느새 골목을 가득 메우고
낙엽이 어느새 골목을 가득 메우고
흰 눈이 어느새 골목을 가득 메울 때
나는 어느새 나이의 골목 가득 채워가고 있었다
새어나오는 불빛은 그림자를 키웠다
새어나오는 불빛으로는 책을 읽을 수도
생업에 전념할 수도 없었다
다만 내 그림자를 길게 늘어뜨려
허영으로라도 세상을 살아내고 싶었다
그림자로 땅바닥에 누운 나는
어둠 속에 있다가도 빛만 있으면 따라 나왔다

그림자는 누워서도 걸어갈 수 있을 뿐
평면에 담긴 내 생의 가치를 모른다

영업시간 종료

문이 닫힌다
하루가 끝난 가게는
주인아저씨의 거친 손으로 입을 닫았다
말 한마디 새어 나오지 않는 곳에도 동작은 있다
마무리의 손놀림이 독백 같은 언어들로 정리된다

우리 치과도
하루를 종료하고 문을 닫는다
들어서지 못한 손님들은 발길을 돌리거나
우두커니 서서 아쉬움을 삼킨다
다른 곳을 찾는 내 시선은 자꾸만 곁눈질을 한다
나는 '조금만 더 빨리 오셨더라면'을 입가에 흘리고
손님은 '조금만 더 연장했으면'을 입가에 매달지만

닫힌 셔터는 다시 열리지 않는다

취미생활

어느 여름 주말 저녁시간
더위를 짊어지고
넓은 바다로 떨어지는 별들과
물고기를 만나러 간다
어느새 어둠이 짙게 깔리고
둥근 얼굴로 가는 길
훤히 밝히는 달이 슬며시 달려와 팔짱을 낀다
낚싯대 끝에 설렘 달아 바다 속에 드리운다
대어의 마중을 기대하면서
출조 전의 만선을 그리며
밤 낚시꾼 얼굴에는 바다가 출렁인다
요란한 뱃고동소리는
잠든 파도를 일으켜 세운다

낚시꾼들의 어망은 텅 비어 바다물만 가득하다
대어소식 저 멀리 온 데 간 데 없이 감감 무소식이다
옆자리 낚시꾼이 잡아 올리는 대어의 퍼덕거림
참았던 부러움에 다시 한 번 바다에 낚싯대를 드리운다
길 잃은 낚싯대는 물고기를 만나지 못하고
용궁만 찾아 뒤적거린다

올케의 꿀병

시골 올케가 보낸 아카시아 꿀 한 병이 도착했다
물컹거리는 꿀병
오랜 시간의 애쓴 노동이 달콤함으로 담겨있다
끈끈하게 당겨 올린 노곤함이 투명하다

예쁜 잔을 꺼내 꿀 차 한 잔을 부었다
혈관의 계곡이 맑게 흐른다
어느새 나는 아카시아 꽃길을 거닐고 있다

어린 시절 아버지는
술 드신 다음날이면 특별히 꿀차를 마셨다
침을 꼴깍 삼키며
눈으로 수십 번 훔쳐 마셨던 상상의 맛

올케의 정성이 달디 달다

거북이를 찾아간 토끼

여름의 햇살에 살갗 열리며 고단을 짜낸다
제법 빗물이 받아진 앞마당의 우물
시원한 펌프 되새김질에 물이 쏟아지고
한숨 벌컥 받아 마시면 온몸에 땀이 잦는다
땀에 젖은 옷들이 방망이에 맞으며 사지의 뼈대가 사라졌다
산을 기어오르듯 매달렸던 나의 절박함
양팔은 주문하는 대로 동서남북으로 춤을 춘다

원한다면 기꺼이 간 쓸개도 모두 거북이에게 빼주리라
세상을 향해 우뚝 솟은 두 귀
내 가슴이 쫓기는 토끼처럼 콩당댄다

네모論

오늘도 나는 네모를 향해 출근을 채촉한다
네모에서 나와 네모를 타고 더 긴 네모 꾸러미로 갈아탔다가
다시 네모를 쌓아놓은 큰 엄청 큰 네모로 들어간다
지구는 둥글다지만 나는 이를 알지 못한다
내가 살고 있는 동네는 모두 네모로 이루어져 있다
사방을 둘러봐도 네모 천지다
나는 네모지상주의 네모찬양지대에 살고 있다
건축물도 종이도 방도 심지어 버스도 네모 모양이다
둥글둥글 원만한 성격은 과히 천연기념물이다
벽은 네모의 피드백을 받아 더 완고한 벽을 형성한다
그로인해 사람과 사람 사이에 더 큰 벽이 생긴다
육면체는 적어도 한 개의 천정과 한 개의 바닥
네 개의 벽으로 이루어져 있다
우리는 서로를 벽으로 막으며 소통을 외친다
집과 집 사이 방과 방 사이 건물과 건물 사이 사무실과 사무실 사이
우리는 네모진 벽을 쌓아놓고 안심하려 하지만 벽은 소통만 못하다
불신과 배신으로 굳어진 철통같은 마음의 벽은
지진에도 무너지지 않는다

타인으로부터 나와 그의 경계선 형성만이 아니라
나 자신을 네모 틀 속에 가둬버리는 지옥을 만든다는 것이다

마침표를 위하여

아무리 좋은 문장이라도
마침표를 찍지 않으면 완성된 문장이 아니듯
불분명하게 다가오는 시간의 수레바퀴
보석처럼 반짝이는 그 순간을 위해
수많은 굴곡의 굴레를 땀으로 구르고
힘들게 덜컹거리며 경사면을 넘는다
매 순간 빛 좋은 그날을 고대하며 쉼 없이 구른다
때론 극한적 고통을 넘고
때론 숙명 같은 좌절이 다가와도
나는 덜컹거리며 가리라

은수저 독에 타듯 까맣게 타들어가도
속으로 은빛 그대로 타는 혼불을 지키며
주어진 한계의 울타리를 넘어야 한다
광채 나는 한 줄기 빛을 가지기 위해
가파른 돌길을 맨발로 감내한 시간
살갗이 터져 피투성이의 길이어도
침묵으로 일관하며 달팽이처럼 기어온 지난 시간

박무 가득한 세상의 길이 때론 시야를 가려도
끊임 없이 마침표를 찾아 기었다
저기 광막한 이 길을 지나면

마지막 찍을 점 하나를 위하여

액자 속의 바다

단단한 벽에 걸린 액자 안에도 여름이 와있다
파도가 힘을 주어 유리벽을 때릴 때마다
액자는 겉으로 물거품을 내민다
하늘 끝선 쪽빛과 바다의 끝점 쪽빛이
경계선을 지우고 하나로 닮아있다
평면 위 제자리를 도는 갈매기는 온종일 유리벽을 쪼아 보지만
투명함은 단단하게도 열리지 않는다
그림 속 숲의 곧게 자란 풍성한 나무들
액자 밖으로 삐져나오려는 듯 가지의 흔들림이 요란하다
유리벽 앞에 서 있는 내 모습이 보인다
나는 어느새 어느 해안가 숲속에 서 있다
그곳은 조용하다 간간이 바람소리가 들릴 뿐
파도는 여전히 일정한 힘으로 유리벽을 치고 있다
무더위가 저녁 바다의 바람을 훔쳐온다
파도가 금이 간 유리를 뚫어 더위를 밀어내고 있다
갈매기의 휘어진 긴 날개가 더위를 쫓기에 분주하다

몇 푼의 위로

시끌시끌한 시장 안 외진 귀퉁이
걸쭉한 시름들이 오가며 요란하다
여름의 더위와 맞선 하오의 시간
막걸리 한 사발 시원하게 내려간다
일그러진 양푼 잔
오고 간 이들의 넋두리 입술을 만나고
세월에 시달린 거칠어진 손길도 만난다
시큼 달달하게 위로를 섞어
곰삭은 김치 한 젓가락이 안식을 준다

막걸리 한 사발 순대 한 접시
몇 푼의 위로가
살아야 할 이유를 알려주는 여름밤이다

가위눌리다

어두운 터널을 걸어가는 한 사람
밤의 고개를 넘어왔다
몸을 눕히고 시선이 걸어간다
누운 몸이 조금씩 올라가다
긴 터널 속에 들어서있다

꼬리를 달고 온 사내의 그림자
뒤를 따르는 저승사자의 반주
두려움이 터널 안에 자욱하고
곧게 굳어가는 화석의 육체
점점 석순이 되어간다

뼈들이 돌이 되어가는 소리가 들린다
머리 뒷덜미까지 용암의 흐름처럼
천천히 녹이며 밀려 오른다
숨까지 가빠지는 붉은 두려움
도망치자
움직임이 필요하다
그런데 몸이 말을 듣지 않는다

어디쯤 달려가고 있는 걸까
출구의 빛이 보이지 않는다
그 사내가 막아버린 걸까
형광등이 깜빡거린다
빰을 흐르는 액체의 짠맛이 힘을 잃어버리게 한다

있는 힘을 다해 다리를 털었다
온몸이 땀으로 젖고 나서야
굳어가던 잠의 화석이 깨졌다
가위에 눌렸던 것이다

개근

출근길
눈앞에 희뿌연 막을 드리우며
거세게 내리는 빗줄기가 무섭다
길모퉁이 까맣게 햇살 바른 할머니
오늘도 결석 없이 서둘러 하루를 준비하신다
도라지 흙 뿌리 쓴맛을 손에다 먹이며
껍질들이 시원하게 벗겨진다
빗물이 할머니의 고단함을 적시고
날선 칼의 휘두름이 낯설지 않은 듯
할머니의 손가락 마디에 이끌려
도라지는 야무지게 누더기를 벗어 버린다

고단한 매일이지만
하루 빠짐없는 할머니의 출석부
늘 최고점의 생활기록부를 채우고서야
하루를 정리하시는 할머니의 하굣길
도라지들이 모두 돌아갔다

책과 책장

책을 읽다가 책장을 가지런히 정리한다
책장을 가지런히 정리하다가 책을 읽는다
며칠 후에 또다시 책을 정리한다
며칠 후 또다시 책을 읽는다
책을 읽으면 마음이 편안하다
책을 정리하면 책장이 편안하다

책을 한 장씩 넘기며 페이지 끝자락에 나를 그린다
나는 언제나 해피엔딩으로 끝나고 싶다
넘기는 페이지 숫자에 가지런한 슬픔들이 담긴다
나는 숨겨둔 속내의 순서를 찾아간다

발톱

길게 자란 발톱을 잘랐다
손톱깎이의 날카로운 칼날에 맞물려
내 신체의 일부가 숨을 끊었다
살아있는 육신에서 떨쳐진 조각
조금 전까지 살아있던 삶이 떨어져 죽었다

속눈썹이 무거워 눈을 못 뜨신 어머니
어머니의 거친 숨이 바닥에 떨어진 그날
성당의 종소리가 삶의 통로를 지나
조여든 심장을 잡아야했던 그날
그날은 내 삶의 일부가
발톱처럼 떨어져나가 죽은 날이었다

신호를 기다리며

무표정한 사람들이 횡렬로 나란히 서 있다
밤이 오고 있음을 하늘 위 샛별이 알려준다
지는 해는 동네 전깃줄에 걸터앉아 잠을 청한다
몹시도 지루하고 힘겨운 하루였기에
잠시 걸터앉아 졸고 있는 해가 평온해 보인다

횡단보도 건너편 가게에서 울리는 음악소리
트위스트 노래 속에 내 몸이 슬쩍슬쩍 움찔댄다
발가락에 리듬이 발목으로 올라와 반주를 즐긴다
반사적인 움직임은 신호가 바뀌도록 흥얼거린다
하얗게 줄친 횡단보도를 건반 위 리듬으로 밟으며
내 흥은 초록신호에 담기는 퇴근시간이다

지친 몸의 땀내를 쓸어가는 바람
바람의 리듬이 오선 줄 위를 밟으며
내일을 작곡한다

문병

요란한 시내를 돌아 나와야 해
외진 곳에서는 발자국 소리에도 귀가 움직여
한적한 안을 들어와 보면 알아
사막을 가르는 낙타의 긴 눈썹에 찔린 듯 언짢아
기도문이 천정마다 매달려 있어
간절함이 웅성거리는 거야
거기서 몇 층을 올라와봐
길게 줄선 복도 왼쪽 하얀 문패에 내 이름이 보여
바쁘면 오지 마 괜찮아

머리맡에 놓인 휴대폰이 울리길 기다렸어
압박붕대의 압력이 눈을 돌출시키고 있어
세상이 자꾸만 빙글빙글 돌고 있어
침대를 스칠 때마다 속에서 파도가 밀려와
함께 출렁이다 난파선이 되는 거야

6인실 귀퉁이 침대에 누워
출구를 향하는 돌출된 시선을 느껴봐
가끔씩 흰 가운이 펄럭 거릴 때마다
알코올의 메케한 향이 나를 어지럽게 해

2부
두부종소리의 시간

꿈을 위하여

세상 어디에서나 피어나게 될 것이다
언제 어디선가 분명히 날아오를 것이다
넘치게 불어난 수위에 갈대처럼 고개를 내밀 것이다
시간의 여백을 알뜰히도 채우는 강
손으로 그리는 꿈의 그림
가슴으로 얘기하는 희망의 글
치열한 인생의 심상으로 옮겨 담는다

살고 있는 시간은 천둥치듯 요란하고
살아갈 시간은 번개 치듯 놀라야 한다
즐겁고 때론 고된 일도 피고 지며 지나가리라
버티며 지켜내는 나의 삶
우리 모두의 시간이 마르는 날까지
샘물 가득 퍼부어 용기를 채우자
언제 어디선가 피어날 내 꿈을 위해

산을 오르다가

산에 오르면 정화된 공기에 가슴이 트인다
적막이 자리한 그곳
나뭇잎의 작은 움직임도 귓전에 소리를 들려준다
산등선은 메아리소리도 실어다 주고
계절의 합성도 들려준다
나무는 초록빛 눈부심으로 나뭇잎을 만들고
바람의 손짓으로 몸통을 키운다
산은 저마다 살을 올려 봉우리를 키운다
밤하늘에 유성 몇 개 떨어진 자리
그 자리에는 무지개가 돋았을 것이다

고목

오랜 세월 그곳에서
그렇게 모든 진실을 보고 들으며
침묵으로 일관한 너
시퍼렇게 벼린 예리한 시간을 달려온 너는
새의 목소리로 내 이름을 불렀다
너는 떠나고 보내는 것을 수없이 반복하며
그렇게 쇠잔한 잿빛구름으로 멍울졌다
긴 시간 희석된 너의 기억들
말라 속이 텅 빈 너는
마지막 남은 수액 한 방울 마를 때까지
모든 사연을 발설하지 않는다

시골버스

시골길을 덜컹거리며 달려가는
외딴마을의 완행버스
눈앞에 산들이 병풍으로 이어져 있다
머리를 창문에 기댄 비스듬한 사람
부빌 언덕은 여행뿐이다
반쯤 벌린 입으로 고개를 기울인 사람
삶의 의지가 상실된 모습이다
멍하니 초점과 생각을 가둬버린 사람
독립된 무대 위에서 각자의 대본을 읽고 있다
시골 버스의 바퀴는 돌길에 익숙하다
험난한 길 위를 침묵으로 구른다
밤을 뚫고 나란히 이어진 유리창
어둠의 막 위에 내 얼굴이 앉아있다
미간 사이 생각의 골이 패이고
바짝 마른 눈물샘에 이슬이 고인다
낡은 버스 뒷좌석에 붙어 따라오는 달
흔들리며 지친 삶도 들락날락
숨바꼭질하며 산속을 달리고 있다

목마름

탄다
땅이 탄다
풀잎도 타고 나무도 탄다

온다
비가 온다
갈라진 틈 사이로 비가 온다

내리는 비는
풀꽃에게 물방울을 먹이며
마알간 풍경화를 잎새 끝에 매단다

보드란 바람 한 아름
청록빛 물먹은 너른 들판 생명들
두 팔을 넓게 펼치고
질퍽한 땅위에 입술을 적신다

풀벌레 울음소리 빗방울에 숨고
어둡게 덧칠한 유화 속 밤 풍경
밝은 색을 다 잃어버린 곤궁한 여름밤

비를 만난 풀
시를 만난 나
같은 갈증이다

신유 장군

두만지 오름길 끝자락에 그윽한 기와냄새
그때의 역사를 기억하며 콧등을 스친다
바람은 장군의 의연함을 흉내 내듯 머뭇거림이 없어라
숭무사 농갈색 곧은 기둥의 고택은 장군의 모습
나선정벌의 찬란한 역사 한 구절을
고사목 깊숙한 곳까지 그때를 읊조리니
용맹한 기상 신유 장군의 의기는
하늘에 울려 퍼지는 우렁찬 내 고장의 자랑이다
200인의 업적을 산까치 날며 알리고
장군의 승전을 바람소리는 아직도 들리는 듯하다

배롱나무 꽃들은 만개를 하며 기뻐하고
산바람 주저 없이 세상을 모으니
산 까치 앞장서서 산자락 구석에 묻혀갈 역사를
철마다 소리로 세상 멀리 알리며 돌아다닌다

바람은 바다 건너 나선의 벌판을 정벌하던
장군의 번쩍이는 칼끝에 벌벌 떨던 적군의 오합지졸을 증언한다

버진[1)]

순서 없이 소리 없이 첫눈이 온다
차별 없이 어둡고 외진 그곳까지
평등하게 낮고 낮은 거기까지
덮어주는 하얀 손길은 언제나 공평하다

조용히 다가서는 정갈한 매무새
버슬 고운 웨딩드레스
순백의 아름다움은 신부의 고운 모습
고결한 버진의 흰 색은
첫눈과 같이 세상을 덮고 싶음이다

첫눈과 버진
그것은 순결하고 정숙한 희열이다
가볍게 가볍게 내리는 몸짓
수수하고 평온한 온기를 덮는다

---

1) 영어로 숫처녀라는 뜻

계곡에서

계곡 따라 흘러가는 파동
양순한 자연의 성정처럼 흐름에도 나긋하다
계곡은 언제나 물의 높이를 낮춘다
성자의 겸허함을 담고
차고 넘치는 것들을 비우는 계곡
삶을 길을 나직하게 흘러가는 계곡은
우아하게 굽이져 먼 길 떠나는 여승 같다
굽이치는 허리선은 보드란 여인의 몸처럼 곡선을 이룬다
떠나면 다시는 만날 수 없는 인연의 길
구름으로 되돌아가 비가 되고 싶다

메뚜기도 한 철

커피를 마시던 잔에 녹차를 마셨다
커피향이 날 듯 녹차향이 나는 듯 아리송하다
봄옷을 입고 나들이를 나섰다
봄인가 했더니 여름이라 온몸이 송글송글하다
여름이다 싶더니 가을이었으면 좋겠다
구석구석 좁은 틈 사이
어디라도 파고드는 뜨거움에 모두 늘어진다
정월대보름날 그렇게 내 더위 사라며 열심히 장사했건만
아무런 효과가 없다
마당가 강아지도 힘들어 헉헉
이웃집 텃밭에 고추나무도 더위 먹어 팔을 내리고
옆집 담까지 넘보던 호박넝쿨도 팔을 내렸다
하늘 위 구름도 더위에 하얗게 질린 얼굴
여름은 모두가 힘들다

아이스크림 냉동차한대 마트 앞에 섰다
그래도 한철 메뚜기장사는 좀 되겠구나

인조인간의 구강구조물

무에서 유를 창출한 신의 위대함
널리 인간세계를 이롭게 하라는 홍익인간의 이념대로
단군의 뜻에 따른 인류 최고의 연구물

일분일초만 늦어도 떠나는 비정한 지하철에
출근을 맡기고 잠시 눈을 감는다
아침부터 분주한 가운데
잔뜩 긴장한 환자와 눈이 마주쳤다
안도의 미소를 날려주지만 두려움을 벗어나진 못한다
수술 방으로 들어가세요
마치 지옥의 문으로 인도하는 저승사자를 보는 듯
달달 떠는 환자의 진동이 내 등짝까지 으스스하게 한다

수술은 어쩌면 환자 눈에는 염라대왕으로 보일 수도 있겠다 싶다
메스 날이 잇몸 중간을 지나는 길에는 핏방울이 일어서고
손목에 힘을 주자 쩍 소리를 내며 양쪽 잇몸이 벌어진다
핸드피스의 회전율이 구강 내를 뚫고
눈 깜짝할 사이 시술이 끝난다

3개월이 지나면 인조인간 구강이 제대로 역할을 할 것이다
유치가 빠지고 영구치조차 잃은 이들에게
새로운 치아가 저작의 역할을 할 것이다

인간을 널리 이롭게 한 홍익인간 이념의 의료기술이다

삶은 팽이

우리의 삶은 누구나 혼자서 힘들게 이겨야하는 삶이다
혼자 힘으로 어지럽게 원의 크기를 넓혀간다
지구가 돌 듯 나는 빠르게 도는
작은 원에서 점점 크기를 더해
맨 끝 큰 원을 그릴 때까지 쉼 없이 돌고 있다
도는 순간에 만나는 작은 돌부리에도 흔들린다

때리고 맞으면서 비틀거리고 흔들거리며
삶의 중심은 끝없이 원을 그린다
중심을 지키는 외다리 중심
받쳐줄 무엇 하나 없는 한 다리로
땅을 디디고 서서 중심을 잡으며
채찍질을 견디며 수없이 고비를 넘는다

코 묻은 어린 사내아이의 주머니 속에
커다란 희망이 손의 온도를 받으며 자라나고
내일은 이겨보겠다는 기대감과 자신감이
고사리 주먹의 꿈으로 단단하게
팽이 끈 줄에 묶여있다

바람 불어 휘청거리는 삶의 둘레길도
잘 돌라고 때리는 고단한 채찍질도
기댈 언덕 없는 외다리 삶의 중심도
흩어짐 없이 열심히 돌라가는 팽이

시간이 돌고 팽이도 돌며
삶의 꿈도 점점 더 큰 원을 그리며 돌아간다

두부종소리의 시간

두부장수의 종이 울린다
리어카 바퀴에 삶의 무게가 실리고
오래된 나무판 위에 오랜 기억들이 끌려간다
종소리 사이에 굵직하게 무게 실린 아저씨의 목소리
두부 사려 두부 사려
반쯤 걸친 슬리퍼를 끌고 급하게 달려 나가
친정엄마 같은 두부 한 모를 만난다
연노랑 명주 천 구멍으로 두부의 향이 풍겨 오르고
두부종소리 울림으로 끌려가는 골목의 시간
간수에 뭉치는 콩물처럼
사람들이 몽글몽글 집으로 뭉쳐든다

돌멩이

길을 걷는다
어떤 돌멩이는 박혀있고
어떤 돌멩이는 발에 채인다
어떤 돌멩이는 거칠고
어떤 돌멩이는 반질하다

나는 땅을 파헤쳐 돌멩이를 꺼내지 않는다
단단한 것들은 소원이 강하다

돌멩이들은 잡초가 뽑히지 않도록 붙잡아준다
잡초는 돌멩이가 뽑히지 않도록 붙잡아준다
잡초들이 돌멩이의 둘레를 돌고
뿌리 끝으로 뒤엉겨 돌멩이를 우러를 때
돌멩이는 뿌리를 놓치지 않고 박혀져 있다
한 돌멩이가 구르는 걸 멈추고
땅바닥에 힘을 모아 버텨본다
나도 구르는 걸 멈추고
박힌 돌이 되고 싶다

공짜 먹거리

집 떠나면 개고생이라는 도시생활
도시는 모두가 '체험 삶의 현장'이다
도시 속의 요란한 삶은 날마다 어깨의 무게를 누른다

살다 지칠 즈음에 고향을 찾는다
동네 산 다람쥐는 야트막한 앞산에서 오랫동안 살고 있다
나는 언제쯤 고향 들판으로 돌아갈 수 있을까
산다람쥐의 도토리점괘를 받아보고 싶다

내 고향 들판은 천지가 먹거리였다
우리들에게 공짜먹거리로 가득했던 곳
눈만 뜨면 동네 여럿이 무리지어 장을 보던 들판
그 시절 어린 우리들에게 들판은 최고의 마트였다

저녁 시간 지폐 몇 장을 빈 지갑에 끼워
장바구니를 들고 집을 나섰다
공짜로 손에 한 주먹 쥐어 들었던 삐삐를 찾아서

꽃밭에 가면

꽃밭에 가면 사막이 있다
미국 텍사스 사막의 뜨거운 열정이
푸른 얼굴을 든다
잘록한 허리로 아무도 함부로 할 수 없게
선인장이 따끔하게 서있다

꽃밭에 가면 오아시스가 있다
이란 루투 사막에 내리 쬐는 햇볕을 지나
오아시스에서 만난 살 오른 석류나무
단단하고 곱게 물오른 석류꽃이
화끈거리며 피어있다

가도 가도 모래뿐인 듯 삭막한 내 마음
그 사막 끝에서 만난 오아시스
긴 목마름에 피어난 선인장꽃
육즙 붉게 흐르는 석류의 열정
생의 사막을 견디면 오아시스가 나온다

신발

비 오는 날
비를 맞으며 그와 함께 걸었다
그는 비에 젖은 나를 닦아주기는커녕
다정한 말 한마디 던져주지 않고
오히려 빨리 걷지 못함을 힐난했다
그는 내게 보람을 돌려주지 않았다
그저 그의 선택에 나는 복종 아닌 복종을 해야만 했다
그렇게 오랜 시간 모질게 그와 함께한 나는
쓸모없다는 이유로 버려질 것이다
재활용이란 이제 꿈같은 이야기다

미안하다 고맙다
그런 수식어는 내게 사치다
메이커라는 허울 좋은 타이틀은 껍질에 불과했다
명예퇴직 정리해고 계약직…
그런 이름들이 늘 내 곁을 맴돈다

독서방법

아무리 책장을 가지런히 정리하고
며칠 후에 또다시 정리하고
똑같이 반복해도 지식은 쌓이지 않는다

서점에서 아무리 책을 많이 사도
가방에 아무리 책을 오래 넣고 다녀도
지식은 쌓이지 않는다

아무리 지식이 많아도
아무리 유식해도
사람은 순해지지 않는다

다만 책을 읽고
깊숙이 숨겨둔 속내를
그 위에 적어가야 한다

그래도 웃을 수 있는 건

길 위에 돌이 고달프게 덜컹거린다
여기저기 던져지는 인생의 돌팔매질
마음구덩이가 파헤쳐져 자갈들이 드러나 있다
호박 넝쿨처럼 매달린 가난을 어찌 해보고 싶었다
직장에 얹은 넝쿨이 끊어지려 할 때마다
가족들의 목숨 줄은 조여 오고 줄기마저 말라갔다
그래도 웃을 수 있는 건
고단한 하루의 마침 끝에 보일 듯 말 듯 피어나
늦은 저녁밥상을 맞이하는 채송화 몇 송이 덕분이었다
미소 짙은 자식의 앙증맞은 반색이
힘들게 걸어온 하루의 몽글한 쉼을 가져다준다

그루잠

밤 12시, 잠에서 깼다
온몸이 땀에 젖어 차갑게 떨고 있다
시커먼 밤공기가 손톱 끝으로 스며들어
온몸의 물길들을 얼어버리게 한다
시간은 어제를 넘어와 오늘이다

새벽 2시, 다시 잠에서 깼다
쇠사슬로 묶인 채 나는 어디론가 끌려가고 있다
닫혀있던 세포들이 터지며 머리끝을 잡아챘다
시간은 어느새 아침 해를 재촉하고 있다
다시 달래며 잠을 청해본다

새벽 5시, 또다시 잠에서 깨어났다
누군가 나를 이끈다
어디론가 데려가려는 듯하다
두려움이 오싹하게 올라와 등줄기를 일으켰다
시간은 이제 어둠을 밀어냈다

이제 출근을 준비해야할 시간
나는 더 이상 잠을 청하지 않는다

한밤중의 잠투정

여러 가닥의 바람이
여러 가닥의 머릿결에 날리는 밤
하얗게 흐르는 반달의 냇물 아래
인기척이 들린다
누군가 싫어 나가보면
발자국 흔적 없이 스치며 지나는 바람
느리게 흐르는 달빛의 길은 멀고도 구불하다
밤의 문을 열고 안으로 깊게 들어 갈수록
달이 느리게 걸음걸이를 진행할수록
밤은 어두운 색을 더욱 짙게 칠을 한다

적막을 깨는 자동차 소리에 창틀이 흔들리면
나는 돌돌마른 이불을 안고 잠이 든다

3부
아버지의 계절

그리운 장터

장날이 되면
낡은 좌판 위에는 산을 넘어온 보신거리가 가지런히 놓이고
들에 자라난 푸성귀들이 넓게 펼쳐진다
산나물은 살쾡이와 토끼의 웃음을 번갈아 웃고
향내 품은 장뇌삼의 흙 냄새가 기다랗게 줄지어 선다
오가는 아낙네들의 장바구니 속을 기웃거리는 시골장터의 오후
집채만 한 가마솥에는 무병장수 술국이 끓고
두꺼운 뚝배기 한 그릇에 닷새 동안의 시름이 잦는다
구석구석 쉰내 품은 묵은 김치 한 접시에
걸쭉한 막걸리 한 사발은 막혀있던 가슴속 뚫어준다
장사꾼들의 호객소리에 리듬이 실리고
동동구루무장수 약장수의 입담이 거하다

꿀단지처럼 달달했던 그리운 시골장터
함께했던 어머니가 그립다

아들의 노래

노래는 방안에 똬리를 틀듯 돌아가고
떨리는 목소리는 오선지 위를 구보하듯 뛴다
너의 목소리가 공기를 타고 리듬으로 들릴 때
밤은 조용히 너를 경청을 하고 있다

아들아
너의 목소리는 마음을 말해주는 듯
느리게 슬픔을 가사로 새어 나오게 하고
한편으로 집중하며 너를 듣고 있다

숨 쉬듯 나풀거리는 하얀 셔츠 자락
하얀 셔츠는 노래 부르기를 집중하고
듣는 시간은 셔츠 소매 끝으로 흐른다
뚫린 구멍 사이 틈으로 멜로디가 숨을 고르고
들리는 소리는 너의 그리움을 더 할 것 같다

사회에서의 짧은 나날들은 너의 군 생활에서는 지루한 시간
흰 셔츠는 군복이 되고 노래는 기합소리 되고
보드란 곡선은 직선으로 각을 만들지만
아들의 보고픈 울음은 곡선을 타고 흐르는구나

지워진 길

내 몸에 있는 눈물이 모두 다 마르도록
내 눈물이 바닥을 드러낼 때까지 하염없이 울던 날
가슴은 딱딱하게 굳어가고
살고 싶다는 의지를 잃어가던 그날
너무 아파서 소리조차 지를 수 없던 그날
그대가 내게서 아득히 떠나가시던 그날
나는 몸속의 고통이 피로 끓어오르고
세상에 모진 돌들을 모두 이고서
일어설 수 없는 감각 잃은 두 다리로
그렇게 보내드려야만 했습니다
얼마를 흘러가야 하는지는 알 수가 없습니다
편하기를 원하는 맘은 추호도 없습니다
그냥 받아들이는 내가 될 때를 기다릴 뿐입니다
한번 멈춘 심장은 아무리 주먹으로 때려도
도무지 감각을 찾지를 못하고 해를 넘어간 저녁
실컷 울음으로 떠나보내야만 했던 그날을 떠올리며
난 그렇게 모자란 나를 또 매일을 탓하며 살아갑니다
너무 힘이 들어 기억을 덮어보려 하지만
단 한순간도 내게 덮어버리지를 못할 것 같습니다
부족했던 나였고 어리석었던 나였으므로

어머니
당신이 떠나가신 그날부터
난 그렇게 가슴에 돌을 쌓고 살고 있습니다
늦은 퇴근길에는 눈 속에 그리운 어머니를 눈물로 삼키며
그렇게 하루를 살아갑니다
아무나 할 수 있는 게 아니라는 것을
나는 추호도 할 수 없는 것이라는 것을
당신의 사랑은 그렇게 내게는 대단한 일이었습니다
너무나 보고 싶어서 아픈
너무나도 죄송해서 그리운
어머니, 결코 돌아오실 수는 없는 길이겠지요
지워진 그 길을 찾아 하늘을 올려다봅니다

당신 가신 길은 모두 지워져
그 어디에도 보이질 않습니다

이건 사기다

현대 인간에게 가장 편리하게 충족된 건 마트의 출현이다
한 번에 필요한 모든 것을 해결하는 완벽한 선택지다

아버지와 마트에 갔다
마트 총각의 요란한 호객소리에
아줌마들 장바구니들이 입을 벌린다
한쪽 귀퉁이 겁먹은 아이스 바들이
잔득 긴장한 부동자세로 얼어 누워있다

어쭈! 과일 너 맛이 수박바라고
너 진짜 수박 맛이야?
사기 치면 고발한다 꼼짝 말고 요 있어라

어쭈구리! 너는 죠스바
넌 바다에 있을 놈이 여서 와 이래 있는데
희한한 새끼네 꺼지라 너희 바다로

얼씨구! 호두마루 너는 분명히 사기다
나한테 딱 걸린 기다
내가 살면서 대청마루 툇마루는 들어봤어도
너 같은 마루는 듣도 보도 못했다

어절씨구! 너는 또 뭐야
아! 니는 내가 본적 있다
빽빽 꼬인, 아 맞지?
가시나가 꼬고 그러게 치아라

희한 하네! 야는 캔디바
니는 우리 딸이 제일 좋아하는 만화책인데
책이 와 여 있노 만화방에 안 있고
우리 딸이 니 찾는다 빨리 가라

짝사랑

신선함을 생생함으로
생생함을 신선함으로 다시 기억하며 다가선 바다
거친 격랑에 어지럽게 흔들리는 바다는
자꾸만 짠내 찐하게 스며있는 파도를 밀어낸다
갯바위는 귀찮은 듯 부딪치는 파도를 외면하고
바다는 토악질 하듯 연신 포말을 쏟아낸다
그리움의 밀도가 조밀해 질수록
바다는 점점 어지럽게 출렁거린다
오늘 따라 배알이 뒤틀린 바다는
힘겹게 몸을 비틀며 파도멀미를 한다

저 멀리 고개 들어 기다리는 무인 섬 하나
검푸른 바다에 절여진 해풍은 바다냄새 드리우고
파도는 섬을 유혹하듯 하얗게 꽃송이를 뿌리지만
먼 바다로 떠나간 배만 기다릴 뿐 미동도 없다

아직도 섬은 파도를 사랑한다
내가 떠나가신 어머니를 사랑하듯

여름 밤바다

여름이 오면
아버지와 함께 오던 바다가 생각난다
어린 내게 들어온 바다는 눈으로만 읽던 섬이었고
어른이 되어 찾은 바다는 가슴으로 읽는 섬이었다

크고 작은 파도의 잔 등을 훑는 바다의 손길
파도는 고개를 숙이고 바다향기만 눈을 치켜 뜬다
지는 해가 바다 위 노을을 펼치듯
먼 바다 끝에서 뭍으로 돌아오는 배 한 척
내일도 고운 손길의 파도를 기대하며
하루를 기다린 여인네 품 같은 포구에 다다른다
신안앞바다는 조용히 잠을 청하고
먹이 찾던 갈매기도 고요히 날개 접고
어선은 내일의 항해를 준비하듯 수고를 내려놓는다
망둥어는 밤을 기어 다니고
달뜬 바다 위에 별마저 쏟아지면
바다는 그렇게 조용히 잠을 청한다

아버지와 마주하던 바다
이제는 혼자서 마주하는 바다에 익숙해진다

여러 가지 하늘

몇 달 후면 군대에 입대를 하는 아들
언제 저리 시간을 먹고 자랐는지
내 키는 아들의 목 아래까지가 전부다
입대 전 체력을 키운다며
운동에 열심인 아들의 어린 시절이 떠오른다

어린이집을 다니던 아들
어느 날 그림을 그려서 상을 받았다고
얼굴에 해를 달고 들어왔다
나를 닮았구나
학창시절 그림을 좋아했던
그 재주를 아들에게 유전이 되었구나
짧고 몽당한 아들의 손이
훌륭한 미래의 화가로 보였다

다음날 그림을 가져왔다
우리 아파트를 그린 그저 그런 그림
왜일까
어린 화가의 참새 같은 설명을 듣고
아파트 하늘 위가 다르다는 걸 알았다
하늘에는 해님도 그려져 있고
깜깜한 밤하늘의 별과 달도 그려져 있고

비 오는 하늘과 눈 내리는 하늘도 그려있었다
아들의 눈에 우리 아파트 하늘은
여러 모양의 하늘이었다

아들이 운동을 하고 집에 왔다
오늘 우리 아파트 하늘은 해가 쨍쨍하다

아버지의 계절

아버지, 계절이 바뀌고 있어요
여름이 가고 가을이 와요
아버지, 계절이 가고 저의 계절이 왔던 것처럼
저의 계절이 가고 아이들의 계절이 오고 있어요
조잘거리던 푸름이 떨어지고
농염했던 화려함이 사라지고 있어요
청춘을 잃은 나의 아버지와
이 가을이 너무 닮아 외로워요

얼마나 외롭고 아파야 삶이라 할 수 있는지요
먹고 살기 위한 사우디 행 노동자의 아픔이었고
세 치 혀의 사기에 고통이 있었지요
무심한 세월은 아버지의 많은 것을 가져갔지요
젊음의 시간을 가족을 위한 희생으로 보내셨지요
생솔가지 같은 시간을 버텨온 삶이었지요
이제는 그 힘든 등짐 내려놓으세요
지난 시간은 뒤돌아보지 말고
지금 가장 행복하시길 빌어요
아셨지요, 아버지!

녹색역

크레파스 통에 여러 가지 색들이 앉아있다
크레파스 통은 몸짓을 아끼고
크레파스들은 말을 아낀다

시선은 너도 나도 아닌 엇갈린 저기쯤으로 두고
생각은 이쯤까지 당긴 듯 모두가 아래로 향한다
나는 크레파스로 감은 눈두덩이 위를 왔다 갔다 하며
바쁘게 생각을 읽어낸다
머리 위에 돌멩이를 이고 앉은 듯
순간 무게를 견디기가 어렵다
생각에 사려가 실린 듯 조심스럽다
뚜껑이 열릴 때마다
서로 불려나가고 싶어 몸을 움찔움찔한다

검정색 크레파스가 고개를 돌려
과거의 시간을 부른다
다음 역은 녹색역
나의 역이다

앞서 안는 사랑

검은 빛이 두껍게 내려앉은 세상
밤은 수많은 별들을 불러 모아 위로를 받고
가슴속 무언가 비어있는 허함을 달빛으로 채우는 밤이다
빈 내 가슴이 그리움으로 출렁이다 넘쳐흐르는 밤이다

어둠이 세상을 점령한 시간
감정은 슬퍼지고 그리움이 증폭되는 밤은
눈물을 흘리고 만다
밤 그늘에 선하게 길을 지키고 서있는 키 큰 가로등
뭔가 그립고 사무치게 안고 싶은 밤이다
온 힘을 다해 달리며 마디마디 거칠게 견뎌온 나의 길
굴곡진 삶에 곱고 아름답게 와준
군에 간 아들이 고픈 마음에
오늘은 밤을 핑계 삼아 소리 내어 울어버렸다

찬바람이 앙칼지게 계절을 때리면
마음이 구름보다 먼저 걱정을 막아선다
스산한 바람이 계절을 울려도
아들은 기뻐 웃을 수 있기를 기도한다
창문으로 잿빛하늘의 새벽이 차오를 때까지
뜬눈으로 아들을 안고 있다

그리움이 하얗게 일렁일 때

길 건너 골목 안 꽃집
서늘한 바람에 꽃들이 차갑게 색깔을 지우고 있다
나는 외투 속에 감춘 꽃 같은 마음을 슬며시 꺼내며
나에게 환하게 웃어주다
바람이 들어간 듯 눈물이 흘러 앞을 흐릿하게 가린다
애써 소맷자락에 흐릿한 눈물 비벼 말린다

너였구나
얼마를 흘러도 얼마를 지나도
언제나 내 앞에 서 있는 흐릿한 모습이 너였구나
네가 흐릿하게 보이는 가을날
가슴은 그때를 그리며 달려간다

손에 잡히지 않는 안개 같이 희뿌연 너
가을처럼 저만큼까지는 가지 말기를

빗방울 속 세상

비 내리는 날에는 어머니의 그리움이
내 마음을 꽉 쥐고서 눈물 흘리게 한다
맑은 빗방울 병원 창가에 부딪치면
그 방울들 속에 바깥세상 비추어 매달린다며
기뻐하시던 어머니의 슬픈 웃음이 떠오른다
눈물이 복사꽃 길을 따라 입가에 떨어지면
슬며시 손으로 눈물 훔치시던 나의 어머니
마른 손등에 앙상한 산맥을 이룬 잔뼈들이
기운 잃어 가늘게 떠시던 야윈 손이 아팠다

어머니의 눈에는
세상의 아름다움을 열어주는 빗방울들이
지나온 시간들을 위로해주고 따뜻이 녹여주는
보드란 손길 같다고 한참을 마주하셨다

눈앞에 빗방울들이 모이면
어머니의 한 많은 사연들과 가족의 사랑이
넘치게 담겨져 눈 속 눈물자리 빌려 흘러내렸다

짧은 구원의 기도를 해주던 벗들의 방문도
아픈 당신의 모습을 숨기는 힘든 시간
푸른빛 해원의 빗물도 그리고

초록빛 초원의 빗물도 그리며
길게 걸어갈 저편의 세상도 그리셨다

어머니 가신 창가
그 자리에 예쁜 빗방울들이 내 마음처럼 흘러내린다

이 시대의 그리움

몸이 편찮으신 아버지
어머니는 밉다밉다 하시면서도
아버지 물까지 수발을 드시며
당신 옆에 계심을 내심 고맙다 하신다
그러시다가도 당신 속을 할퀴고 간 무언가로
인물 좋은 남편이 아내한테는 골병을 준다며
핀잔을 주시곤 한다
라일락꽃이 향 좋고 예쁘지만
그 잎사귀는 얼마나 쓴 줄 아느냐고
라일락 말만 들어도 어지럽다 하신다
평생 잘생긴 아버지만 떠받친 당신 삶을
애꿎은 라일락이 몰매를 맞는다

눅눅히 여름비 내리는 어느날
어머니께 전화를 드렸다
어머니는 모처럼 동기모임에 와계신다고 했다
혼자 집에 계시는 아버지 걱정이 목소리에 묻어있다
챙겨드리고 온 이것저것을 마치 스스로 확인하듯 쭉 나열을 하신다
말소리는 라일락보다 쓴 씀바귀를 드신 소리다
친구분들 만나 즐거운 시간 보내시라고
당신을 위한 시간이 필요하다고 했더니

야야 순두부만 먹고 갈끼다, 라며
이미 당신 마음은 아버지께 걸어가고 계신다
하얀 순두부를 흰 차돌처럼 삼키듯 드시고
차돌이 내려가기도 전에 집으로 달려가실 것 같다

계속 비가 내린다
차돌보다 더 바스락거리는 마른침이 입안을 맴돈다
순두부보다 수다가 더 맛있다 하시던 아득한 어머니가 떠오른다
가는 세월에 장사는 없다지만
어머니가 좋아하시는 누룽지보다
라일락향이 더 구수하다는 것을 알려 드리고 싶다

갱시기 한 대접

눈이 내린다
눈 맞은 머리꼭지에 김이 모락모락 피어오른다

그렇게 어깨를 떨며 집으로 들면
고춧가루 풀어 빨갛게 끓인 어머니의 갱시기 한 대접
내 온 몸을 녹여주곤 했다

눈이 내리다 녹고 그러다 쌓이는 동안
어머니는 하얀 밀가루 반죽 떼어 넣고 수제비를 끓이셨다
한 냄비 끓인 갱시기에 수제비 몇 알
매운 향이 콧등에 재채기를 불렀다
급히 먹는다고 꾸지람을 하시면서도
허겁지겁 물부터 가져다주시던 어머니

내리는 하얀 송이가 너무 복실거려서
손바닥에 받아 보고 싶어도
금방 녹아버린다며 입을 삐죽거릴 때면
우리 딸 마음이 따뜻해 그렇다고
장갑부터 챙겨주시던 나의 어머니

오늘처럼 눈이 내리는 날이면
어머니의 갱시기 한 그릇 후르륵 들이켜고 싶다

원더우먼의 부활

아들이 자꾸만 비실거리는 나를 걱정해서
헬스장에 보내려 한다
아들의 성화가 고맙다
나도 런닝머신이 두렵지 않다면 가고 싶다

샌드위치 겹겹이 층을 더해가는 나이테
구불구불 곡선의 무질서가 하나로 이어져
내 나이를 증명해 준다
결석 한번 없이 완벽한 출석률 50년 개근의 흔적이
뱅뱅 똬리 틀어 주민등록증에 박혀있다
적응력 빠른 내 몸에
한군데 한군데씩 마모되고 고장 난 흔적을
실손 보험신청서 횟수가 말해준다
어린 시절 100미터 달리기의 꿀벅지도
동네를 누비던 위대한 심장박동도
참외서리를 하던 천리안 시력도
차츰 에너지가 소멸되고 있다는 사실을 알려준다

충전하자
원더우먼의 부활을 꿈꾸며 헬스장으로 간다
런닝머신은 뛰지 말고
대신 빠른 걸음으로 걷자

익지 못한 사랑

떨리는 내 마음이 네 앞에서는 멈춰주길 바라지만 나는 네 앞에만 서면 가슴과 심장이 더 요란하게 뛰어 다닌다 너만 보기 위해 사는 것처럼 온종일 지치지도 않고 시선도 거두질 않는다 불어오는 바람에 스치는 바람에 망설이는 바람에 주저하는 바람에 기다리는 바람에 나는 너를 잃었다

아름다웠던 나의 학창시절 풋사랑은 거기서 멈추었다 숨을 참는 동안 세상이 멈춘 듯 내 풋사랑도 꿈을 참는 동안 멈춰버렸다 익지 못한 사랑이라 아프고 익어 떨어지지 못한 사랑이라 슬프지만 가슴에 달린 풋사랑은 사는 동안 내내 익지 않고 처음처럼 살아간다

너를 다시 만나는 날이 언제가 될 런지는 모른다
그러나 세상을 지탱하기 힘든 날이면 나는
몰래 너를 만나기 위해 빛바랜 기억을 뒤적인다

개구리식구의 텃밭

얼굴에 덕지덕지 선크림을 바르고
텃밭에 나갔다
거름 실한 땅 뚫고 솟아오른
대파 몇 가지 토실하다

어느새 바구니 가득한 채소들
잡혀온 대파가 내 눈을 맵게 찔러 대고
화가 잔뜩 오른 가지 꽁다리
고슴도치처럼 깔끄럽게 돋은 가시로 겁을 준다

여우야 여우야 뭐하니
밥 먹는다
무슨 반찬
개구리반찬

엄마는 오늘도 식구를 위한
개구리반찬을 하시나 보다

꿈속의 어머니

간밤의 꿈속에
꽃 쓰다듬던 어머니가 오셨다가
이내 떠나셨다
흐릿해서 기억이 남아있질 않다

아침에 일어나니
어머니가 오신 듯
소심 난 화분
향기로운 꽃 한 촉 피었다

난 꽃 위에 맺힌 이슬 한 방울
어머니의 젖은 눈물 같다

억새의 울음

휘감기는 그의 흐느적거림이 가엾다
바람이 달려와 아슬하게 넘어질 듯 그를 몰아붙이면
하얀 머릿결을 쉼 없이 흩트리고
울부짖는 그의 구슬픈 몸짓은
살고 싶어 울부짖는 가녀린 목숨 줄로 보인다
구슬픈 곡조를 소리 없는 몸짓으로 저어대고
민들레 홀씨가 앞서 떠난 저기 어디쯤으로
그는 고뇌와 함께 먼 길을 떠난다

파르르 떨며 아프게 가벼운 몸짓
억새는 흔들리지만 결코 꺾이지 않는다

그 시절 그곳에

어린 시절
까무잡잡한 아이들이 뛰놀던 동네 아지트
아침이면 태초의 눈부신 햇살이 여전히 퍼지는 우리 동네
작은 마을 앞마당은 아이들의 발소리로 넘쳤다

언제부턴가 동네 앞마당은 주차장이 되고
그 옛날 동네 꼬마들의 시끌벅적한 목소리는
오래된 퇴적층으로 겹겹이 눌려있다
즐거워 간드러지던 아이들의 웃음소리는
차바퀴에 밟혀 신음소리를 낸 지 오래다

방풍림처럼 우거졌던 마을의 키 작은 동산도
코흘리개 아이들의 손에 쥐었던 딱지마냥 사라졌다
도시화로 없어지고 변해버린 내 고향엔
온 종일 차들의 경적소리만 요란하다

4부
봄비, 그 여자

봄눈

구석지고 서늘했던 겨울의
마지막 눈이 온다
빼곡히 땅 위를 채우는
흰 눈의 향연
겨울의 하얀 속살이
녹아 흐른다

넓고 거대한 세상 위
생명을 덮어주는 신의 손길
망연히 겨울을 마주한다
눈송이는 별빛 한 모금 채집하여 마신 듯
맴 몸 우두커니 서있는
앙상한 나무에게 꿈을 부추긴다

이렇듯 봄눈 오는 날은
더욱 무언가 그립고 허전하다

봄비, 그 여자

처량하게 길 떠나는 겨울의 뒷모습을 본다
어색한 만남을 뒤로하고 돌아서는 긴 이별
그 아픈 이별을 모른 채 밝은 세상을 만난다
담장 옆에 기대 선 아름다운 너의 모습
꽃빛으로 화려하게 태어나
땅 위를 향기 덮고 있다
세상의 한 귀퉁이에서 축제의 시작을 알리고 있다

진달래 립스틱에 개나리꽃무늬 우산을 쓴 여인
목련의 옷깃을 하늘거리며 오솔길을 걷고 있다

봄맞이

가지 사이 햇살이 들어서고
시냇가 물길에도 얼음 녹는 소리가 흐른다
겨울 틈에 숨어있던 봄이 걸어오는데
야무지게 물고 있는 두꺼운 옷 단추는
바람 한 줄 스미지 못하게
단단하게 채워 바람구멍을 막고 있다

털실 끝을 풀면 겨울 오는 길이 드러나고
파릇한 봄바람 줄기는 공손히 봄을 인도 한다

느끼는 봄은 따뜻하게 메워지고
보이는 봄은 잔설을 떨쳐낸 자리가 꿈틀거리고
올려다보는 봄은 파랗게 깔리고
듬성듬성 하얗게 봄을 수놓는다

두꺼운 옷
단추를 풀어 봄을 맞이한다

기싸움하는 봄

따뜻한 기온이 차가운 기온을 밀쳐내려고
봄의 용사들을 무더기로 몰고 와서 안간힘을 쓰는 중이다
수척한 겨울 가지 위에는 햇살 먹인 어린 싹이 움트고
땅속 입김 불어 파릇함을 발현하는 들판
위세 대단했던 겨울이 봄기운에 밀려나고 있다

바구니 옆에 끼고 봄을 담으러 외출 중인 동네 친구들
고갯마루 넘어온 향긋함이 콧등을 치대고
바위 틈 사이 숨은 겨울의 잔등을 밀치며 숨바꼭질하는 봄
뭉그적거리던 계곡물도 기지개 펴고
늙은 돌덩이도 계곡의 흐름에 초록을 휘감는다

아다다가 되다

그대가 오는 날은 비 내리는 날이면 좋겠다
돌아가는 길 흔적 다 지워져 되돌아갈 수 없게
어깨 너머 또 어깨 너머
한 올 머리카락이라도 보일까
목줄기 이리저리 기웃거리며 옮겨놓아도
그대가 나를 향해 올 수 있는 저 한길 위에는
정적만이 오락가락 놀고 있다
발끝에 힘을 주어 조금 더 볼라치면
조바심은 점점 까맣게 타들어간다
나를 위해 그대 조금만 더 일찍 서두른다면
그대의 대문 앞에 봄을 옮겨 놓으련만
장맛비 연일 내려도 그대 모습은 보이지 않은다
걸쭉한 흙 위에 내 눈물도 젖어들고
이제는 내안의 그리움 무심히 접고 거두었다

나는 백치 아다다가 되어
비 맞은 채 거리를 쏘다닌다

춤추는 꽃

보슬비는 장단을 맞추며
꽃잎을 웃게 한다
감동으로 꽃잎이 춤춘다
내리는 빗소리에 나도 따라 춤춘다
장단에 길들여지는 귓속의 숲
시크릿가든의 은밀한 정원에
토닥토닥, 반주의 울림이 인다

길게 이어지는 리듬이
나풀거리고 유혹하는 꽃잎에
떨어지지 않고 달려있다
발라드와 랩의 엇박자도
빨간색과 청록색의 대비도
보슬비 장단 맞춰 노래한다

그대 떠나는 날에는

이별의 언어는 언제나 가슴으로만 읽혀진다
단어 사이사이 띄어쓰기도 없이 조밀하게 조판된 언어들
가슴이 잿빛 되어 색을 잃어갈 때쯤이면
먹물 같이 어두운 밤하늘에는 별도 달도 나오지 않는다
아무렇지도 않은 듯 허풍 떨며 올려다보는 하늘
왈칵 눈앞을 어지럽히는 흐릿함
그곳에서의 별은 내 가슴에서는 못이 되고 만다
용암처럼 겹겹이 녹아 흘러내리는 누적되는 아픔
이별이란 그렇게 바다 앞에서도 용암이 되는 마음
산발한 여인의 눈물 씻어 말리고
이제 너는 뒤도 없는 듯이 내게서 서둘러 떠나려 한다

그대 떠나는 날
내게 존재하는 세상도 사라져버린다

비의 마법

내리는 비는 숨어있는 감성을 찾아준다
매사에 불분명했던 시선을 여릿한 시선으로 바꿔준다
불분명함과 모호함의 경계에 닿는 끝점까지
비는 같이 따라 내려가며 친구가 돼준다
비는 음흉했던 속내를 투명하고 맑게 펼치며
숨은 감성을 찾아내고 꺼내놓게 한다
푸른 세상에 분명한 선으로 경계를 나누며
마른 생명들의 갈망을 외면하지 않게 한다
온몸으로 뿌리 끝까지 스며
안아주는 배려를 가르쳐준다
애 띤 싹들의 설렘을 너에게 심어준다
터트린 꽃의 얼굴에 피어난 환희의 송가를 들려준다
내리는 비는 세상을 홀리는 마술이다
송이송이 영롱한 열매를 매다는 마법사다

발足비 말馬비

모르고 한철 지난 신발을 신고 출근을 했다
신발 밑창 틈 사이로 한 줌 빗물이 쏟아져 들어온다
너무 차가워 발가락 끝을 오므리면
싸구려 신발 깔창 사이로 빗물이 딸려 올라온다
춥다 내색 못하고 슬그머니 주위를 살펴
다시 눅눅한 신발 속에 발가락을 눕힌다

비를 맞고 들어왔다
옷을 갈아입고 젖은 발을 말린다
차가운 에어컨 바람에 소름 돋듯
시퍼렇게 실핏줄을 토해낸다
다 마르지 않은 발바닥의 눅눅함이 질퍽거리며
나의 아늑함을 따라 다닌다
물먹은 내 발바닥은
하얗게 부어 퉁퉁 살이 쪄있다

여름비에 발이 살찌고
가을비에 말이 살찐다

추억 실은 빗줄기

하늘동산에 양치기 먹구름이 비 떼를 몰고 온다
빗소리에 귀 기울이며
조심스레 지난 것들을 조심스레 꺼내본다
제일 큰 토란잎 찾아 비를 피한 병아리들이
쪼그리고 앉아 삐악거리며 엄마 닭을 찾는다
그 옛날 꼬질하게 땀 찬 얼굴을 환하게 씻겨주던
빛나듯 다정한 어머니 손길 같은 빗줄기가
베란다 큰 창 앞에 그림처럼 유리알로 매달린다

가을에 취하다

거리 가로수에는
나뭇잎들이 거의 다 떨어져 앙상하다
늦가을 퇴근길
비빔국수 매운맛보다 더 매운 가을이
나를 안절부절 허둥대게 한다
한 잔 두 잔 가을담금주를 발로 마시는 퇴근길
넋두리 부딪치며 건배를 한다
늦가을 한 잔에 얼큰히 취해
갈지자로 길을 걷는다

산정의 가을

바람 서늘한 산꼭대기에 엉성하고 허름한 꿈을 얹고
사이 촘촘한 아파트단지에 집 한 채 마련했다
아파트 앞 큰 키 나무에 지저귀는 아침햇살
키 큰 집에 입들이 모여 팔랑거린다
낙조와 함께 베란다 창이 닫히고
새들도 문을 닫는 가을밤
꼭대기에 한 철을 쉬어가는 새들이 달처럼 외롭다

국화차

화단 한 가운데 핀 국화꽃

색 바래기 전에 꽃송이 따다 그늘에 말려다오
화방에 들려 한지도 몇 장 사다다오
살결 보드란 한지 위에 국화송이 말려다오
꽃밭 향기 그대로 찻물 속에 녹여다요
고운 질흙찻잔에 국화차 채워다오
사랑에 얼었던 차가운 손등을 너의 향기로 데워다오

내 님 눈망울 같이 그윽한 국화여,
봄이 오면 또다시 나를 위해 싹을 틔워다오

인공눈물의 가을

하늘이 키 높이를 올릴 때마다 구름을 볼라치면
내목은 힘들고 하늘은 눈물이 흐르도록 푸르다
젊은 시절의 하늘도 마디마디에 구름을 달고
하늘은 빠져들고프게 깊은 푸름이었고
구름은 풀썩 눕고 싶을 만큼 폭신함이었다

어느 때부터인가 눈앞엔 흑백의 날파리가 한 마리가
날아가지도 잡히지도 않은 채 살고 있다
초점은 재 너머 먼발치로 건너가고
흐릿한 시선 속에 서러움이 주섬주섬 담겨졌다
세월 따라 바짝 말라가는 우물 샘에다
약국에서 산 인공눈물을 넣고 하늘을 올려다본다

가을이 어머니처럼 긴 치마폭 위에
갈맷빛 소리를 담아들고 나를 반긴다

가을을 보내며

이제 떠나가는 너는
슬퍼도 흘릴 눈물 한 방울 남김없이
뼈만 남은 바짝 마른 얼굴이 되었다
한 철 수 없이 떨었던 너의 고백은
햇빛에 바래지고 흐릿하게 지워졌다
아름답고 찬란했던 너
뒤돌아보지 말고 가거라
이제 너를 보내야만 한다
바랑지게 달려오는 겨울을 위해

가을은 미련을 두지 않는다

얼마 전 걸었던 그 길의 기억이 흐릿하다
발길을 돌려 원래의 시작점을 찾는다
가을 산은 바람이 부는 소리에
가진 것을 모두 내놓는다
바람은 망설임이나 주저함이 없다
가을의 마른가지는 통곡으로 마르고
낙엽은 세월을 덮는다
가을은 그렇게 모든 것을 나눠준다
지팡이를 짚으며 가을 산을 오른다
바람은 여름을 빼앗아 가을에게 준다
나뭇잎은 조용히 계절에 순종하고
명멸하며 떠나는 가을빛엔 미련이 없다

겨울에게 묻는다

녹물 든 잎들이 가을의 풍경을 만든다
하늘에 단풍 붉은 물 든 가을이 달아나고 있다
비어있는 가지 위에 겨울을 물고 온 새들
요란스레 가지를 흔든다

어디쯤 갔을까
먼저 간 너를 그리워하는 시간
널 보내고 돌아오던 계절은 겨울이었다
빈 너의 자리에 흰 눈이 내리면
포근한 흰 눈에다 너의 안녕을 물어 본다
듣고 있니
보고 있지

해마다 나는 겨울에게
너의 안부를 묻는다

주머니 속의 겨울

마당 위에 겨울이 소리 없이 쌓이고 있다
늙은 나무 가지 위에는 가을의 기억 잃은 겨울새가
차갑게 울고 있다
지붕 위에 쌓인 하얀 눈
집은 뒤꿈치를 들면 안 된다
눈덩이를 굴리고 굴려 오동통한 겨울을 만든다
눈사람에게 스카프를 다부지게 묶어주었다

찬바람이 슬그머니 내 주머니 속에다
몇 푼의 용돈 같은 겨울을 넣어준다

눈

막 집을 나설 때
속눈썹 위에 하얗게 눈송이 내려앉는다

종종걸음으로 어디론가
바쁘게 걷는 사람들
발자국은 발자국을 먹고 산다
다시 기온이 내려가고
이내 모두 얼어버린 발자국
사람들은 가슴에 다시 발자국을 새겨 넣는다

한 아이 눈사람을 굴리고 있다
눈사람 하나 골목에 갇히면
겨울은 동화의 나라가 된다

처음 만난 그날처럼

하얗게 백지 위에 소중한 이야기를 채워본다
한 소절씩 여백을 채우는 것은
나를 비우게 한다
빈 공간에 너의 모습 한 줄 그려 넣고
너의 사연 두 줄 넣어주고
나머지는 모두 너의 그리움으로 채워갈 것이다
새하얀 밤이 머리 위로 피어나고
영롱한 별들이 너를 뜨겁게 이야기한다

무한히 그리워 할 수 있는 너를 떠올리며
나는 이제야 웃을 수 있고
나는 이제 그만 눈물을 멈출 수 있다

가난의 꽃 한 송이

소리를 질렀다
가고 싶다고 소리를 질러도
아무도 들어주지 않았다

고함을 쳤다
몸부림이 범벅이 되었고
모노드라마의 아우성은
1막도 오르지 못하고 막이 내렸다

돌멩이 하나도 나의 관객이었고
나무 한 그루도 나의 아픔을 들어주는 친구였다

냇가 건너 몇 집을 지나
오른쪽 귀퉁이 두 번째
동생들과 양친 부모님 계신 곳
하나 빠짐없이 모여 있는 예쁜 수국
하늘의 별 두레박에 작은 꽃송이 퍼 담아
냇가 건너 그곳에 부어놓았다

그 안에 살던 작은 꽃 한 송이
따로 떨어져 울었다

<작품해설>

현대적 감각과 전통적 심상의 시적 발현

김순진(문학평론가 · 은평문인협회 회장)

<작품해설>

현대적 감각과 전통적 심상의 시적 발현

김순진(문학평론가 · 은평문인협회 회장)

김미정 시인을 알게 된 지는 그리 오래지 않다. 2년 전쯤 은평문인협회에서 함께 활동하는 이길융 원로 소설가께서 전화를 하셨다. 자신이 다니는 치과에 근무하는 여자 분이 시를 좋아하는 것 같다며 소개해주신 것이다. 이후 그녀는 시집을 내고 싶다며 우리 사무실을 찾아왔다. 나는 그녀가 쓴 시들을 보았다. 아직 매끄럽지는 않지만 잘 다듬으면 좋은 시를 쓸 수 있는 재목인 것을 직감했다. 그래서 나는 그를 따로 지도했다. 내 강의를 들을 때마다 김미정 시인의 시는 일취월장으로 뻗어나갔다. 그리하여 결국 10여 편의 시를 다듬어 스토리문학에 응모시켰고 심사위원들로부터 호평을 받아 문단에 등단하게 되었던 것이다.

김미정 시인의 시를 정리하고 나누자니 그의 시적 능력이 크게 네 가지로 부각된다. 첫 번째로는 현대시에 대한 감각적인 능력이 출중하다는 것이다. 나는 스토리문학을 주장하는 사람이다. 모든 문학에는 스토리가 있어야 한다. 보통의 사람들이 스토리를 배제 한 채 감상만 늘어놓고 시라 우긴다. 감상은 감상일 뿐이지 문학의 본류가 아니다. 그런 점에서 모두 하나같이 스토리를 전재로 하는 김미정 시인의 시는 현대시단에서 충분히 통할만한 시다.

두 번째로 세상에 대한 아름다운 시각을 지니고 있다. 김미정 시인은 세상은 아름다운 것이며, 아름다운 마음을 서로 나눌 때 세상은 더욱 아름다워진다고 생각한다. 그래서 「두부종소리의 시간」이라든지, 「개구리식구의 텃밭」, 「메뚜기도 한 철」, 「그리운 장터」 같은 시에서 보더라도 사람이 살아가는 방법 훈훈한 인정 나누기란 진리를 시의 바탕에 깔고 시를 쓰기 때문에 그의 시는 훈훈한 구들방에 앉아 이야기를 나누는 시골집 풍경처럼 느껴진다.

세 번째로 자연에 대한 생태적 관조다. 김미정 시인의 시에 있어 자연은 스스로 생장하고 살아가는 것이며, 김미정 시인 역시 자연의 일부일 뿐이지 자연을 함부로 해도 되는 대상으로 여지지 않는다. 그의 시 「산을 오르다가」에서 보면 "산은 저마다 살을 올려 봉우리를 키운다 / 밤하늘에 유성 몇 개 떨어진 자리 / 그 자리에는 무지개가 돋았을 것이다"라고 하면서 자연이 스스로 자라는 환경을 만들어준다. 또 「고목」에서 보면 "말라 속이 텅 빈 너는 / 마지막 남은 수액 한 방울 마를 때까지 / 모든 사연을 발설하지 않는다"며 고목을 훌륭한 인격체로 묘사한다. 그의 시 「계곡에서」를 읽어보면 "삶을 길을 나직하게 흘러가는 계곡은 / 우아하게 굽이져 먼 길 떠나는 여승 같다"고 하면서 계곡의 우아함을 여승에 비유하기도 한다. 그의 시 「돌멩이」를 읽어보면 "나는 땅을 파헤쳐 돌멩이를 꺼내지 않는다"라면서 내게 돌부리에 넘어지게 한 돌이라도 함부로 자연을 훼손치 않고 스스로 살게 함을 엿볼 수 있다.

네 번째로는 김미정 시인의 시에 나타난 단란한 가족상이다. 김미정 시인은 가족에 대한 사랑이 애틋하다. 그의 시 속에는 유년의 이야기들이 많이 나오는데, 모두 가족들의 사연과 함께 등장한다. 그것은 그가 얼마나 가족을 사랑하는지, 고향을 사랑하는지에 대한 표출이다. 우리 국민이 아마도 가장 많이 아는 것은 '가화만사성家和萬事成'이란 숙어가 아닌가 생각한다. 가정이 화목해야 만 가지 일을 이룰 수 있다는 말, 지극히 평범한 말이지만 결코 간과해서는 안 될 말이다. 그런데 김미정 시인의 시에는 가정의 화목함과 부모님에 대한 공경심이 들어 있어서 좋다.

그럼 여기서 김미정 시인의 시 몇 수를 읽어보면서 그의 마음세계를 여행해보자.

나의 태양은 날마다 가스레인지 위에서 떠오른다
눈 뜨자마자 무턱대고 눈 비비며 찾아가는 바다
나의 바다 늘 수도꼭지 속에 숨겨져 있다
하품으로 퍼지는 새벽안개가 갈매기의 울음을 삼킨다
가스레인지 위 태양이 숭고한 듯 떠오르고
양은냄비에 바다가 출렁이면 냉장고 문을 연다
순간 나의 손은 오츠크해협과 베링해 사이를 오가며 생선 몇 마리 낚아올린다
연해주 북동부 시호테알린 원시림에서 잡은 멧돼지가 그새 프라이팬 위에서 지글댄다
나는 날마다 북극에 산다
나는 슬금슬금 시계를 보며
봅슬레이 선수의 빠른 스피드로 주방 일을 해치운다
출근 무렵의 시계는 퇴근 무렵의 시계보다 열 배쯤은 빨리 가지만

식구들은 아직 백야의 시간
정적만이 돌뿐 바스락거리는 미동조차 없다

아들의 알람소리 휴대폰이 시끄럽다
꿈쩍도 하지 않는 아들을 산새의 낭랑함으로 부른다

– 「날마다 북극」 전문

이 시는 김미정 시인의 계간 <스토리문학> 등단작으로 사물의 공감각 이동을 통해 효과를 극대화시킨 시다. 그는 사람의 말은 사물의 말로 쓰고, 사물의 말은 사람의 말로 슬 줄 아는 시인이다. 이 작품에서 김미정 시인은 고작 냉장고 하나를 열고 닫을 뿐이지만, 시인은 날마다 북극에 산다고 상상한다. 냉장고를 열어 생선을 꺼내는 행위는 북극에 가까운 러시아 베링해와 오츠크해를 넘나들며 낚시를 한다고 생각하고, 돼지고기를 조금 꺼내 프라이팬에 굽는 것을 두고 "연해주 북동부 시호테알린 원시림에서 잡은 멧돼지"라는 너스레를 떨면서 "나는 날마다 북극에 산다"며 독자들에게 낯설게 환기시킨다. 현대인들의 환경을 꼬집고 시적상상력을 극대화한다. 독자의 확보는 시의 다양성을 기반으로 해야 한다. 어머니, 고향 그런 단순한 시제를 지속하면 독자들은 이미 오래도록 식상해져 있기 때문에 등을 돌릴 수가 있다. 그렇지만 김미정 시인이 시도하는 시적 다양성은 시의 독자를 확보하기 위한 매우 효과적인 시창작법이다. 소재의 다양한 접근은 많은 독자를 확보할 수 있는 시금석이다. "나의 태양은 날마다 가스레인지 위에서 떠오른다"는 상상도 기발하다. 눈을 뜨면 늘 가스레인지를 켜야 하는 여자의 마음은 하루가 태양에 의해 밝혀지는 것이 아니라 밥을 지어야 하는 의무감에 의해 시작된다는 상상이 기발한 것이다. 또 "눈 뜨자마자 무턱대고 눈 비비며 찾아가는 바다" 그 "나의 바다 늘 수도꼭지 속에 숨겨져 있"어서 물을 틀면 바다가 들어오고 냉장고에 저장된 북극을 여는 순간 "나는 날마다 북극에 산다"며 일어나지 않은 "식구들은 아직 백야의 시간" 속에 잠자고 있다는 발상 또한 신선하다. 시는 공감각의 이동을 통해 발현된다. 비록 나는 집에 앉아서 TV를 보고 있지만 알래스카에서 고래를 잡아 올리는 에스키모들를 볼 때 마치 내가 포경선에 탄 사람처럼 스릴을 느끼는 것이다.

> 단단한 벽에 걸린 액자 안에도 여름이 와있다
> 파도가 힘을 주어 유리벽을 때릴 때마다
> 액자는 겉으로 물거품을 내민다
> 하늘 끝선 쪽빛과 바다의 끝점 쪽빛이
> 경계선을 지우고 하나로 닮아있다
> 평면 위 제자리를 도는 갈매기는 온종일 유리벽을 쪼아 보지만
> 투명함은 단단하게도 열리지 않는다
> 그림 속 숲의 곧게 자란 풍성한 나무들
> 액자 밖으로 삐져나오려는 듯 가지의 흔들림이 요란하다
> 유리벽 앞에 서 있는 내 모습이 보인다
> 나는 어느새 어느 해안가 숲속에 서 있다
> 그곳은 조용하다 간간이 바람소리가 들릴 뿐

파도는 여전히 일정한 힘으로 유리벽을 치고 있다
무더위가 저녁 바다의 바람을 훔쳐온다
파도가 금이 간 유리를 뚫어 더위를 밀어내고 있다
갈매기의 휘어진 긴 날개가 더위를 쫓기에 분주하다

— 「액자 속의 바다」 전문

'액자 속의 바다'에 파도가 친다는 상상이 이채롭다. 이 시는 작가의 특별한 관찰력이 시의 서두부터 말미까지 지속되는 작품으로, 시에 있어 작가의 관찰력이 얼마나 중요한 것인가를 단적으로 보여주는 시다. 사람들은 시를 지으려고 골머리를 앓는다. 나는 시창작을 지도할 때, 애써 시를 지으려 하지 말고 사물의 말을 받아쓰라고 한다. 시를 내 안에서 끄집어내려면 힘들다. 쥐어짜고 쥐어짜내도 특별한 이야기는 떠오르지 않고 지식의 나열이나 감상의 나열이 시를 지배하고 만다. 그러면 독자는 금방 식상해가거나 외면하고 만다. 왜냐하면 독자는 시인의 상상력이나 관찰력을 사고 싶은 것이지, 시인의 잘난 척이나 시인의 감상을 사고 싶은 것이 아니다. 따라서 시인은 시를 짓지 말고 받아써야 한다. 자연을 잘 관찰하고, 사물을 잘 관찰하고 자연의 말을 사물의 말을 받아쓰는 것이다. 액자는 평면의 그림이다. 그림은 파도치는 것처럼 보이지만 실제로 파도가 치지는 않는다. 그런데 우리는 그런 그림을 보고 있노라면 물고기가 바다 위를 튀어 오르고 마치 물방울에 옷이 젖을 것만 같다. 김미정 시인은 그림 속의 곧게 자란 나무들이 "액자 밖으로 삐져나오려는 듯 가지의 흔들림이 요란하다"는 작가의 관찰력은 가히 나무에 열매가 열릴 듯, 잎사귀가 바람에 흔들릴 듯 상상의 폭을 넓혀간다. 이는 김미정 시인이 액자를 오랫동안 관찰해보고 액자가 하는 말을 시로 받아쓴 결과다.

두부장수의 종이 울린다
리어카 바퀴에 삶의 무게가 실리고
오래된 나무판 위에 오랜 기억들이 끌려간다
종소리 사이에 굵직하게 무게 실린 아저씨의 목소리
두부 사려 두부 사려
반쯤 걸친 슬리퍼를 끌고 급하게 달려 나가
친정엄마 같은 두부 한 모를 만난다
연노랑 명주 천 구멍으로 두부의 향이 풍겨 오르고
두부종소리 울림으로 끌려가는 골목의 시간
간수에 뭉치는 콩물처럼
사람들이 몽글몽글 집으로 뭉쳐든다

– 「두부종소리의 시간」 전문

사람에게 시간은 너무나 단단한 멍에다. 시간이 경과해서 사람들은 늙어가고 약속시간에 의해 사람들은 성장한다. 우리는 시간에 의해 성공하고 시간에 얽매어 산다. 우리에게는 날마다 24시간이라는 매우 귀한 선물을 받는다. 어떤 사람은 시간이 부족해서 발을 동동 구르며 살고, 어떤 사람은 '세월이 좀먹느냐' '바쁠 게 무엇이냐' 여유롭게 산다. 어떤 사람은 아예 '그까짓 게 인생 뭐 있어, 노는 거지'라고 하면서 무계획이 계획이라는 심정으로 사는 사람도 있다. 어떻게 사는 게 잘 사는 것이란 정답은 내릴 수 없다. 다만 24시간을 열심히 살아낸 사람만이 성공한 사람이란 말을 들을 자격이 있다. 그것은 24시간을 열심히 살아낸 사람의 이야기다. 이 시에서 '두부종소리의 시간'은 24시간 중 저녁어스름의 시간을 말한다. 퇴근 무렵의 시간, 허기가 질 무렵의 시간, 저녁밥을 밥솥에 안칠 무렵의 시간이다. 그때쯤이면 하루를 열심히 살아낸 사람들의 생각은 무얼 먹을까, 무엇으로 에너지를 보충할까 하는 생각으로 채워진다. 그럴 즈음에 들리는 두부종소리는 오감을 자극하는 소릴 게다. 가족들의 행복한 저녁밥상을 위해 슬리퍼를 끌고 나가 두부를 사오는 풍경은 가슴을 붉게 물들이는 저녁노을만큼이나 아름다운 풍경이다. 김미정 시인은 그런 시간을 "두부종소리 울림으로 끌려가는 골목의 시간"이라 묘사한다. 두부종소리의 울림이 골목을 끌고, 퇴근을 끌고, 우리네 삶의 한 단면을 끌고 가고 있다.

몇 달 후면 군대에 입대를 하는 아들
언제 저리 시간을 먹고 자랐는지
내 키는 아들의 목 아래까지가 전부다
입대 전 체력을 키운다며
운동에 열심인 아들의 어린 시절이 떠오른다

어린이집을 다니던 아들
어느 날 그림을 그려서 상을 받았다고
얼굴에 해를 달고 들어왔다
나를 닮았구나
학창시절 그림을 좋아했던
그 재주가 아들에게 유전이 되었구나

짧고 몽당한 아들의 손이
훌륭한 미래의 화가로 보였다

다음날 그림을 가져왔다
우리 아파트를 그린 그저 그런 그림
왜일까
어린 화가의 참새 같은 설명을 듣고
아파트 하늘 위가 다르다는 걸 알았다
하늘에는 해님도 그려져 있고
깜깜한 밤하늘의 별과 달도 그려져 있고
비 오는 하늘과 눈 내리는 하늘도 그려있었다
아들의 눈에 우리 아파트 하늘은
여러 모양의 하늘이었다

아들이 운동을 하고 집에 왔다
오늘 우리 아파트 하늘은 해가 쨍쨍하다

— 「여러 가지 하늘」 전문

나는 이 시를 읽기 전에 하늘은 흐린 하늘과 맑은 하늘 두 가지 하늘만 있는 줄 알았다. 사람들은 하늘을 그릴 때 고작해야 무지개를 그리거나, 새가 날아가는 하늘을 그리려 했다. 그런데 김미정 시인의 어린 아들의 하늘은 달랐다. 그의 하늘에는 해 뜬 하늘 캄캄한 하늘, 별과 달이 뜬 하늘과 비 오는 하늘, 그리고 눈 오는 하늘까지 여러 가지 하늘이 한꺼번에 들어있었다. 언젠가 TV에서 방영해주는 영화를 어린이 주인공의 중국 영화를 본 적이 있다. 한 초등학교에

서 세계미술대회에 내보낼 어린이를 선발하게 된다. 그런데 첫해는 교장의 압력에 의해 교장 아들의 그림을 보내 장려상을 받고 시골학교는 축제 분위기가 된다. 그렇지만 압력에 굴복하지 않은 미술 선생님은 자기가 가르치는 결핵에 걸린 아이의 작품을 세계미술대회에 보내 최우수상을 받게 된다. 그 아이의 그림에는 '밤하늘의 달에는 개의 이빨자국'이 있는 그려져 있었는데, 미술선생님이 '왜 그렇게 그렸느냐'고 아이에게 물어보니 아이는 할머니가 들려주신 옛날이야기를 그렸다고 말했다. "옛날에 개가 밤을 새며 도둑을 지키고 있었는데 도둑이 기승하자 개가 화가 나서 달을 물어뜯었다"는 이야기였다. 나는 그 영화를 보며 상을 받기 전 결핵을 죽은 그 어린이의 작품이 충분히 세계 최고가 될 만한 작품이라 생각하며 눈물을 흘린 적이 있다. 상상력은 인간이 가지는 최고의 가치를 발산한다. 우리의 삶은 상상력을 통해서 발전한다. 하늘을 날고 싶었을 때, 인류는 비행기를 만들어 새보다 멀리 하늘을 날 수 있었고, 바다 속을 마음대로 유영하고 싶었을 때 인류는 잠수함을 만들어 고래보다 오랫동안 잠수할 수 있었다. 다이너마이트를 만들어 산을 폭파해 길을 낼 수 있었고, 전기를 발명해 지금의 발전을 가져올 수 있었다. 인터넷을 발명해 세계를 하나로 묶을 수 있었고, 스마트폰을 발명해 모든 정보와 편리를 손안에 가질 수 있었다. 이는 모두 상상력을 통한 인류 최고의 발명품들이다. 김미정 시인의 어린 아들이 생각하는 한 화폭 내에서의 여러 가지 하늘은 상상력이 얼마나 발전할 수 있는지를 잘 말해주는 예다. 피카소가 코와 입을 교차로 그렸을 때, 정물이 주된 화풍이었던 당시 화단에서 피카소는 사이

코 취급을 당했다. 그러나 지금의 피카소는 인류 최고의 화가로 통한다. 르네마그리트는 하늘에 돌을 띄워놓는다. 살바도르 달리는 시계를 나뭇가지에 빨래처럼 걸어놓는다. 상상력은 인간이 가질 수 있는 최고의 가치임에 틀림이 없다.

아버지, 계절이 바뀌고 있어요
여름이 가고 가을이 와요
아버지, 계절이 가고 저의 계절이 왔던 것처럼
저의 계절이 가고 아이들의 계절이 오고 있어요
조잘거리던 푸름이 떨어지고
농염했던 화려함이 사라지고 있어요
청춘을 잃은 나의 아버지와
이 가을이 너무 닮아 외로워요

얼마나 외롭고 아파야 삶이라 할 수 있는지요
먹고 살기 위한 사우디 행 노동자의 아픔이었고
세 치 혀의 사기에 고통이 있었지요
무심한 세월은 아버지의 많은 것을 가져갔지요
젊음의 시간을 가족을 위한 희생으로 보내셨지요
생솔가지 같은 시간을 버텨온 삶이었지요
이제는 그 힘든 등짐 내려놓으세요
지난 시간은 뒤돌아보지 말고
지금 가장 행복하시길 빌어요
아셨지요, 아버지!

— 「아버지의 계절」 전문

딸에게 있어 아버지란 이름은 특별하다. 대부분의 딸들에게 아버지는 애틋한 그리움으로 남는다. 우리 아버지도 외동딸이었던 여동생을 특별히 사랑했던 것 같다. 흔히 5월을 가정의 달이라고 한다. 그 중에는 어린이날과 어버이날이 들어있어서 그런 말이 생겨났을 것 같다. 어린이날은 자녀가 자라나면 끝이 나는 날이지만 어버이날은 부모님이 돌아가실 때까지, 그리고 돌아가신 이후에도 산소에 가서 성묘를 하면서 기리는 더욱 특별한 날이다. 은평문인협회 회장인 나는 해마다 은평문인협회 어르신들께 점심을 대접하며 어버이날 행사를 가진다. 올해도 불광동에 있는 한 음식점에서 70세가 넘은 문인들을 모시고 경로잔치를 했다. 카네이션브로치와 작은 기념품을 준비했다. 고려대 평생교육원의 어른들께도 카네이션브로치를 달아드리고 기념품을 전달해드렸다. 나는 부모님이 모두 돌아가시고 없다. 처가의 장인 장모님께서도 돌아가시고 없어서 어른들만 뵈면 마음이 애틋하고 짠하다. 효도할 데가 없어지니 그것처럼 서운한 일도 없는 것 같다. 그래서 나는 해마다 어버이날이면 작은아버지와 큰어머니를 찾아뵙곤 한다. 김미정 시인이 이번에 이 시집을 내는 이유 중에 한 가지는 병중에 계신 아버지에게 효도를 하고 싶어서다. 김미정 시인의 아버지는 딸이 시인이 된 걸 무척이나 자랑스러워하신다고 들었다. 그런데 오는 18일이 아버지의 생신이란다. 그래서 그 생신을 즈음해서 시집을 출판해서 아버지가 기뻐하시는 모습을 보고 싶은 것이 김미정 시인의 생각이다. 김미정 시인의 말처럼 계절은 자꾸 바뀐다. 아버지의 계절은 가고 나의 계절이 왔던 것처럼, 이제 나의 계절은 가고 아이들의 계절이 오고 있다. 김미정 시인의 아버지께서는 자녀들의 보나 나은 교육과 환경을 위해 사우디까지 가서 건설근로자를 하셨나 보다. 사기를 당해서 곤란을 겪으셨나 보다. 일평생 사노라면 어디 겪은 일이 한두 가지뿐이랴. 수없이 많은 환란과 곤란한 경우 속에서 가족을 지켜내야 하는 아버지의 마음을 김미정 시인이 알아주니, 한 가정의 아버지인 나로서도 김미정 시인이 고맙고 예쁘다.

> 눈이 내린다
> 눈 맞은 머리꼭지에 김이 모락모락 피어오른다
>
> 그렇게 어깨를 떨며 집으로 들면
> 고춧가루 풀어 빨갛게 끓인 어머니의 갱시기 한 대접
> 내 온 몸을 녹여주곤 했다
>
> 눈이 내리다 녹고 그러다 쌓이는 동안
> 어머니는 하얀 밀가루 반죽 떼어 넣고 수제비를 끓이셨다
> 한 냄비 끓인 갱시기에 수제비 몇 알
> 매운 향이 콧등에 재채기를 불렀다
> 급히 먹는다고 꾸지람을 하시면서도
> 허겁지겁 물부터 가져다주시던 어머니
>
> 내리는 하얀 송이가 너무 복실거려서
> 손바닥에 받아 보고 싶어도
> 금방 녹아버린다며 입을 삐죽거릴 때면
> 우리 딸 마음이 따뜻해 그렇다고
> 장갑부터 챙겨주시던 나의 어머니

오늘처럼 눈이 내리는 날이면
어머니의 갱시기 한 그릇 후르륵 들이켜고 싶다

– 「갱시기 한 대접」 전문

어릴 적 쌀이 귀하던 시절에 어머니들은 한 그릇뿐인 밥에 김치를 잔뜩 넣고 김치죽을 끓이셨다. 씹을 것도 없이 우물우물하면 넘어가버리던 김치죽이 싫었다. 나는 맨밥을 좋아했다. 국을 싫어했다. 그렇지만 어머니는 식량을 오래 먹으려고 늘 국에 밥을 말아주시거나 김치죽을 끓이셨다. 조선무를 채 썰어 넣은 무밥이나 콩나물밥은 식량을 늘리는데 주요했다. 감자가 나올 시기이면 감자밥, 고구마가 나올 시기이면 고구마밥을 해주시기도 했다. 밥은 얼마 되지 않고 감자나 고구마가 더 많았다. 콩밥은 너무도 지겨웠다. 언제든 밥에 콩이 들지 않은 날은 없었다. 콩밥을 먹다가 어쩌다 벌레 먹은 콩을 씹으면 그 알싸한 쓴맛은 내 나이 마흔이 넘어서까지 콩밥을 싫어하도록 만들었다. 보릿고개의 시절 6월이면 옥수수밥을 싸가지고 학교에 다녔다. 아이들은 잡곡혼용이라는 정부시책에 따라 도시락 위에 보리밥을 조금 덮거나 내 밥을 쌀밥과 바꾸자며 반쯤 바꿔가기도 했지만 나는 늘 깡보리밥만 싸가지고 다녀서 잡곡혼용 도시락검사에 걸릴 일이 없었다. 보리나 밀을 빻고 나면 거친 껍질가루 나왔는데 그것으로 보리개떡이나 밀개떡을 해먹었다. 개떡이란 말은 거칠다는 뜻에서 나온 말로 하찮고 볼품없다는 뜻의 폄하의 말이었을 게다. 쑥을 뜯어다 밀가루나 쌀가루에 섞어 쑥버무리를 해먹곤 했다. 논두렁에서 잘 자라는 메를 넣고 만든 메떡이나 늙은 호박을 길게 썰어 말렸다 넣은 호박시루떡은 추수감사절처럼 고사를 지내는 시골 어머니들의 단골메뉴였다. 갱시기에 있어 갱은 국을 뜻한다. 말하자면 국처럼 끓인 밥이란 뜻이다. 갱시기는 아마도 국을 뜻하는 '갱'에 접미사 무시기의 접미사 '시기'를 붙인 말로써 김치와 밥을 넣고 끓인 국말은 밥의 뜻이었을 것 같다. 옛날에 우리 어머니는 쉰밥을 물에 여러 번 씻어서 잡수시곤 했다. 아무튼 요즘엔 너무나 생활이 풍부해져서 마구 버려지는 음식을 보면 안타까운 생각이 든다. 요즘 젊은 새댁들은 쌀에 벌레가 났다고 자루 째 가져다 버리는 세상이다. 냉장고에 오래도록 쌓여있는 음식은 늘 내차지였는데, '이젠 좋은 것만 먹어도 넘치는 세상인데 왜 상한 음식을 먹느냐며' 딸아이가 극구 말리는 터라 요즘은 오래된 음식, 남은 음식 먹어치우기를 자제하고 있다. 추운 날 끓여주시던 어머니의 갱시기 한 그릇을 그리워하는 김미정 시인의 시선이 마치 내가 겪은 일 같아서 공감이 간다.

그대가 오는 날은 비 내리는 날이면 좋겠다
돌아가는 길 흔적 다 지워져 되돌아 갈 수 없게
어깨 너머 또 어깨 너머
한 올 머리카락이라도 보일까
목줄기 이리저리 기웃거리며 옮겨놓아도
그대가 나를 향해 올 수 있는 저 한길 위에는
정적만이 오락가락 놀고 있다
발끝에 힘을 주어 조금 더 볼라치면

조바심은 점점 까맣게 타들어간다
나를 위해 그대 조금만 더 일찍 서두른다면
그대의 대문 앞에 봄을 옮겨 놓으련만
장맛비 연일 내려도 그대 모습은 보이지 않은다
걸쭉한 흙 위에 내 눈물도 젖어들고
이제는 내안의 그리움 무심히 접고 거두었다

나는 백치 아다다가 되어
비 맞은 채 거리를 쏘다닌다

– 「아다다가 되다」 전문

계용묵이란 소설가가 있었다. 그의 대표작은 「백치아다다」다. 아마도 장애자를 주인공으로 한 최초의 소설이 아닌가 싶다. 아다다라는 이름은 벙어리가 얼버무리는 말의 뜻을 가지고 있고 백치란 뇌에 장애나 질환이 있어 지능이 아주 낮고 정신이 정상적인 상태에 미치지 못하는 사람을 뜻한다. 그런 여자 벙어리인 아다다는 지참금을 가지고 시집을 갔기 때문에 결혼 초기에는 행복하게 산다. 그렇지만 남편이 첩을 얻으면서부터 그녀의 불행은 시작된다. 그런 백치 아다다를 김미정 시인이 자신의 사랑에 비유한다는 것은 매우 극적인 비유다. 사랑을 위하여 미치고 싶은 것이다. 미치도록 사랑하고 싶은 것이다. 오직 한 사람, 그 사랑을 위하여 바보가 되어도 벙어리가 되어도 좋다는 심정이다. 그런 사랑을 해보고 싶다. 그런 대상이 나타나면 좋겠다. 모든 사람들의 가슴 속에는 꼭 한 번 불같은 사랑을 해보고 죽었으면 하는 로망이 있다. 박목월 시인은 돈도 명예도 다

버리고 제자를 사랑하여 둘이 도망가서 산 적이 있다고 한다. 서울대학교 국문학과 교수였던 그가 교수 자리를 버리고 제자와 사랑에 빠진 나머지 도망을 가 종적을 감추었는데, 수소문 끝에 그들이 제주도의 어느 허름한 집에 살고 있다는 소문이 돌았다. 그런데 보통 사람의 아내 같았으면 여자의 머리채를 잡아 휘두르고, 남편을 망신주면서 이혼을 불사했을 것이다. 그러나 박목월 시인의 아내는 춥지는 않느냐, 먹을 것은 있느냐 묻고 옷과 이불을 사주고 돈봉투를 주고 왔다고 한다. 거기에 감동을 받은 박목월 시인과 여제자는 헤어지기로 하고 이별의 선물로 여대생에게 "기러기 울어 예는 / 하늘 구만리 / 바람이 싸늘 불어 / 가을은 깊었네 / 아아 너도 가고 / 나도 가야지."라는 시를 지어 주었는데, 김성태 작곡가가 작곡하여 「이별의 노래」가 널리 불리게 되었다. 한 편 이 소식을 들은 여대생의 아버지가 부산에서 제주로 찾아와 여대생을 설득하였고 이때 제주에서 박목월 시인을 알고 지내던 양중해 시인이 목월의 여인이 뱃전에서 고개를 떨구며 돌아가는 모습을 보고 "저 푸른 물결 외치는 거센 바다로 떠나가는 배 / 내 영원히 잊지 못할 님 실은 저 배는 야속하리 / 날 바닷가에 홀 남겨두고 기어이 가고야 마느냐(이하 생략)"라는 가사의 「떠나가는 배」를 지었고 변훈 작곡가가 작곡하여 널리 불리게 됐다고 하니 불장난 같은 사랑이지만 아름답게 느껴지며 그런 사랑을 해봤으면 하는 마음도 생긴다. 아무튼 "나는 백치 아다다가 되어 / 비 맞은 채 거리를 쏘다닌다"는 김미정 시인의 순애보가 시인의 심성에서 비롯된 지극히 예술적인 사랑으로 느껴진다.

이상에서처럼 김미정 시인의 시 몇 수를 읽으면서 그이 마음세계를 여행해 보았다. 앞서 언급한 바와 같이 김미정 시인의 시의 특징을 게 네 가지로 나누어 볼 때 1. 현대시에 대한 감각적인 능력. 2. 세상에 대한 아름다운 시각, 3 자연에 대한 생태적 관조, 4. 단란한 가족상으로 나눌 수 있었다. 이를 한 마디로 요약하자면 "현대적 감각과 전통적 심상의 시적 발현"이라 해도 좋겠다. 그의 시 속에는 모두 현대적 감각이 출중하리만치 표현되고 있다. 거기에 조선시대의 여인 같은 전통적 심상이 시의 밑바탕을 깔고 있어서 어른들이 읽기에 는가슴이 훈훈해지며 부담이 없고, 젊은이들이 읽기에도 무릎을 칠 정도의 기발함이 곳곳에 산재해 있어 그 호기심에 눈을 떼기 어렵다.

이처럼 훌륭한 시집을 낸다는 것은 모든 시인들의 꿈이다. 첫 시집의 상재를 진심으로 축하드린다.

이 도서의 국립중앙도서관 출판예정도서목록(CIP)은 서지정보유통지원시스템 홈페이지(http://seoji.nl.go.kr)와 국가자료종합목록시스템(http://kolis-net.nl.go.kr)에서 이용하실 수 있습니다.

(CIP제어번호 : CIP2019018181)

김미정 시집

액자 속의 바다

초판인쇄일 2019년 5월 13일
초판발행일 2019년 5월 18일
재판발행일 2019년 8월 23일

지은이 : 김미정
발행인 : 김순진
편집장 : 전하라
디자인 : 김초롱
펴낸곳 : 문학공원
등 록 : 2004년 3월 9일 제6-706호
주 소 : 우편번호 03382 서울 은평구 통일로 633
녹번오피스텔 501호 스토리문학사
전 화 : 02-2234-1666
팩 스 : 02-2236-1666
홈페이지 : http://cafe.daum.net/yob51
이메일 : 4615562@hanmail.net

※ 책값은 뒤표지에 있습니다.